Vente du Mercredi 16 Novembre   (N° 3)

ESTAMPES

ANCIENNES ET MODERNES

ÉCOLE DU XVIIIᵉ SIÈCLE

ÉCOLE ANGLAISE

Costumes — Pièces historiques — Vignettes

DESSINS

Dont la vente aura lieu

HOTEL DES COMMISSAIRES-PRISEURS

RUE DROUOT, 9, SALLE N° 4

Le Mercredi 16 Novembre 1881

A UNE HEURE ET DEMIE PRÉCISES

Mᵉ MAURICE DELESTRE
COMMISSᵉ-PRISEUR
rue Drouot, n° 27

M. L. DUMONT
MARCHAND D'ESTAMPES
Quai des Gr.-Augustins, 21

PARIS — 1881

EN VENTE

Chez **L. DUMONT**, quai des Grands-Augustins, 21

PARIS

JAPONISME

POINTE SÈCHE ORIGINALE

DE H. SOMM

Hauteur 24 c. — Largeur 32 c.

TIRAGE

6 épreuves sur parchemin.....	N°s 1 à 6.	**50** fr.
24 — sur japon impérial.	N°s 7 à 30.	**50** fr.
30 — sur japon teinté...	N°s 31 à 60.	**20** fr.
90 — sur hollande.......	N°s 61 à 150.	**15** fr.

N. B. — Il ne sera pas mis en vente d'épreuves avec la lettre, la planche ayant été brisée après le tirage qui se trouve ainsi limité à 150. Chaque épreuve est numérotée, signée et estampillée par l'artiste.

Vᵃᵉ Renou, Maulde et Cock, imprⁱ de la Compagnie des Commissaires-Priseurs, rue de Rivoli, 144.	22337 *bis*

CONDITIONS DE LA VENTE

—

Elle sera faite au comptant.

Les Adjudicataires paieront CINQ POUR CENT, en sus des enchères.

L'Ordre du Catalogue sera suivi.

———

M. DUMONT, chargé de la Vente, se réserve la faculté de rassembler
ou de diviser les lots

ÉCOLE ANCIENNE

1 **Bourdon**. La Musique. — Rébecca et Eliezer. — Paysages. 6 pièces.

2 **Callot**. Les Gueux ou Mendiants. 25 pièces.

3 — Varie figure di Jacopo Callot. 21 pièces.

4 — Caprices, etc. 15 pièces.

5 **Canaletti**. Fête sur une place publique. — Vue de la Forteresse de Kœnigstein, etc. 3 pièces. Belles ép.

6 **Corrège** (Le). Jupiter et Léda. — Jupiter et Danaé, etc. 4 pièces.

7 **Cunego**. Marie-Magdeleine. — La Sainte Famille. — Apollon, etc. 4 pièces. Belles ép.

8 **Dyck** (Van). Le Christ au roseau, par Drevet. — La Sainte Famille, par Bolswert. — Télémaque et Ulysse, par Wingaerde. 3 pièces. Belles ép.

9 **École allemande**. 8 pièces.

10 **École hollandaise**. 20 pièces.

11 **École italienne**. 11 pièces.

12 **Jordaëns**. Le Concert. — Le Roi de la Fève, etc. 4 pièces.

13 **Lombard**. Olivier Cromwell, d'ap. Van Dyck. —
Louis XIII. 2 pièces.

14 **Ostade** (Par et d'ap. Van), 19 pièces.

15 **Piranési**. Vue de l'École française à Rome. —
Ruines, etc. 4 pièces.

16 **Poussin**. Bacchanale. — L'Empire de Flore, etc.
4 pièces.

17 **Rainaldi**. L'Enlèvement d'Europe, d'ap. Véronèse.
Belle ép.

18 **Rembrandt**. 15 pièces.

19 — 14 pièces.

20 **Rembrandt** (D'ap.). Vieillard bénissant des enfants. — Portrait de Rembrandt et de sa Femme.
3 pièces avant la lettre, par Claëssens. Belles
ép.

21 — Le Seigneur guérissant des malades. — L'Ange et
Tobie, par Frey. 3 pièces.

22 — 10 pièces.

23 **Rubens**. Daniel dans la Fosse aux lions. — Suzanne
et les Vieillards. 2 pièces. Belles ép.

24 — Mars et Vénus. — Jugement de Pâris, etc.
3 pièces.

25 — Nymphes et Satyres. — Chasse aux Lions. —
Massacre des Innocents, Tomyris. 4 pièces.

26 — Naissance de Jésus. — Assomption. — Judith, etc.
5 pièces.

27 — Les Évangélistes. — L'Ascension. — Mars et
Vénus. 3 pièces.

28 — Paysage, par Bolswert. — Hélène Forman et ses
Enfants. — Majorité de Louis XIII, etc. 4 pièces.

29 — Mars et Vénus, etc. 6 pièces.

30 **Reni** (G.). La Fortune. Belle ép.

31 **Ridinger.** Chasse au Cerf. — Animaux, etc.
6 pièces.

32 **Ruysdaël.** Paysages. 2 pièces.

33 **Vignon.** Le Joueur de vielle, par David.

34 **Vouët** (S.). Loth et ses Filles. — Sujets divers, par
La Hyre, Loir, etc. 20 pièces.

35 **Waterloo, Weyrotter.** Paysages. 40 pièces.

36 **Wiérix.** Le Cavalier de la Mort, d'après A. Durer.
Belle ép.

37 **Wostermann.** Madeleine au Désert et Divers.
3 pièces.

ÉCOLE ANGLAISE

38 **Anonymes.** Animaux au pâturage. — Belle ép.
avant toutes lettres, marges.

39 — L'Ange et Tobie, d'ap. Rembrandt, belle ép.
avant la lettre, grandes marges.

40 — Sainte Vierge et divers. 5 pièces. Belles ép.

41 — Vénus dormant, d'ap. le Guide, etc. — Scène de
Shakpeare, d'ap. Smirke Wheatley. 3 pièces. Belles
ép., marges.

42 **Bartolozzi.** Sujets religieux. — Paysages, par
Smith et Wood. 4 pièces. Belles ép.

43 **Cipriani.** L'Amour menaçant. — L'Amour sup-
pliant, — Vénus et Adonis, etc. 7 pièces.

44 **Corbutt.** Une Juive, d'ap. Rembrandt. Très belle
ép. grandes marges.

45 **Cosway**. Luigi Marchesi, par Schiavonetti. — Impératrice de Russie, etc. 4 pièces. Belles ép.

46 **Earlom**. Bacchanale, d'ap. Rubens. Belle ép., marges.

47 — Vénus sur les eaux, d'ap. Giordano. Belle ép., marges.

48 **Green**. Henry Dauvers, comte de Damby, d'ap. Van Dyck. Belle ép., marges.

49 **Gunst**. Henriette-Marie, d'ap. Van Dyck. Belle ép., marges.

50 **Kauffmann**. Sa Majesté la reine Charlotte réveillant le Génie des Beaux-Arts, par Burke. Belle ép., grandes marges.

51 — Artémise, Cléopâtre, etc. 3 pièces.

52 **Prestel**. Mercure endormant Argus, d'ap. Salvator Rosa. Belle ép., marges.

53 — Troupeau de Moutons, d'ap. Rose de Tivoli. Belle ép. avant la lettre, marges.

54 **Quadal**. Variété d'animaux, d'ap. nature. 8 pièces. Belles ép., marges.

55 **Reynolds**. Mlle Grassini, d'ap. Mme Lebrun, belle ép., grandes marges.

56 — Portrait de Femme. — Lady Peel et divers. 4 pièces. Belles ép.

57 — German Lady. — English Lady. 2 pièces, d'ap. Lavreince. Belles ép., marges.

58 — L'Évasion, d'ap. Horace Vernet. Belle ép., marges.

59 **Smith**. MM. Carter, d'ap. Kneller. Belle ép., marges.

60 — M. Yarborough, d'ap. Kneller, belle ép., marges.

61 — La comtesse de Salisbury, d'ap. Kneller. Belle ép., marges.

62 **Turner.** MM. Littleton, d'ap. Lavreince. Belle ép.,
grandes marges.

63 — Sujets d'ap. Rembrandt, Rubens, etc. 8 pièces.
Belles ép.

64 — Le Goût. — La Vue. — Le Printemps, etc.
8 pièces.

ÉCOLE FRANÇAISE

65 **Aubry.** Correction maternelle, par Delongueil.
Belle ép., marges.

66 — La Leçon d'escrime. — La Leçon d'Équitation. —
La Leçon d'exercice. — La Leçon de danse. 4 pièces,
grandes marges.

67 **Avril.** La double Récompense du mérite. — Le
Patriotisme français. 2 pièces.

68 **Beauvarlet.** La Chaste Suzanne. — Zéphyr et
Flore. 2 pièces. Belles ép., grandes marges.

69 — Aman arrêté par ordre d'Assuérus. La Chaste
Suzanne. 2 pièces. Belles ép.

70 — L'Enlèvement d'Europe. Très belle ép,

71 **Bénazech.** Le Retour du Laboureur, par Ingouf.
Belle ép.

72 **Bertaux.** Vue intérieure de Paris prise du Pont-
Neuf. — Vue intérieure de Paris prise du Pont-
Royal. — Vue du Port aux Blés. — Vue du Port
Saint-Paul. 4 pièces, d'ap. L'Espinasse. Belles ép.,
grandes marges.

73 **Bligny** (A Paris, chez). L'agréable Entretien. Très
belle ép., marge.

74 **Boilly.** Le Bouquet chéri, par Chaponnier. Très belle épr., marges.

75 — La douce Impression de l'Harmonie. Suite de la douce Impression de l'Harmonie. 2 pièces. Très belles ép., grandes marges.

76 — Le Sommeil trompeur. Très belle ép., grandes marges.

77 — La Comparaison des petits pieds. — L'Amant favorisé, par Chaponnier. Belles ép., marges.

78 — La Solitude. — La Précaution. 2 pièces en couleur, belles ép.

79 — Les Déménagements. Belle ép.

80 — Les Jouets du jour de l'an. — Le Tondeur de chiens. — Le Mendiant. — Les Fumeurs, etc. 11 pièces. Belles ép.

81 **Boissieu.** Le Maître d'école. Très belle ép., grandes marges.

82 **Bonnet.** Étude du dessin. — Étude de la musique. — Étude de l'architecture, 3 pièces d'ap. Le Clerc. Belles ép., marges.

83 **Borel.** L'Innocence en danger, 1re estampe de la Paysanne pervertie, par Huot. Très belle ép., toutes marges.

84 — La Faute est faite, permettez qu'il la répare, par Anselin. Belle ép., grandes marges.

85 **Bouchardon.** Cris de Paris. 8 pièces, belles ép.

86 **Boucher.** La Naissance de Vénus. — La Toilette de Vénus. 2 pièces par Duflos, très belles ép., grandes marges.

87 — Jupiter et Calisto, par Gaillard. Belle ép., grandes marges.

88 — La Mort d'Adonis, par Surugue. — Les Douceurs de l'été, etc. 4 pièces.

89 — La Bergère endormie, par Daullé. — Retour de chasse de Diane, par Duflos. 2 pièces. Belles ép., marges.

90 — La belle Cuisinière. Belle ép., marges.

91 — Les Nymphes au bain. — Les Grâces au bain. 2 pièces, belles ép., marges.

92 — Les Confidences pastorales. — Corps de garde, etc. 3 pièces.

93 — Le Plaisir de la Chasse. — Les Amants surpris, etc. 4 pièces.

94 **Cazenave.** Orphée. — Paris et Hélène, etc. 3 pièces. Belles ép.

95 **Chaponnier.** Le Village abandonné. — La Danse de village. 2 pièces. Belles ép., marges.

96 **Charon.** Corneille composant Rodogune. — Boileau allant supplier qu'on laisse la pension à Corneille. 2 pièces. Belles ép.

97 **Chodowiecki.** Frédéric II, roi de Prusse. Très belle ép., grandes marges.

98 **Cochin.** La Ravaudeuse. — Convalescence de Louis XV. 2 pièces. Belles ép.

99 **Costumes militaires.** Gardes françaises, par Baudoin, Parrocel, etc. 10 pièces.

100 — Uniformes français, (à Paris chez Basset). 18 pièces. Très belles ép.

101 **Costumes.** H. Vernet, Gatine, etc. 15 pièces.

102 — et portraits, par Grevedon, Deveria, etc. 50 pièces.

103 **Coypel.** Daphnis, par L. Surugue, Très belle ép., marges.

104 — Cupidon et Psyché, par Audran. — Clytie. — Femme couchée. — 3 pièces. Belles ép.

105 **Darcis**. Le Raccommodement. — Mort de Poulpe, etc. 3 pièces.

106 **Daullé**. M. de Nestier, grand écuyer. 2 pièces dont une en réduction. Belles ép.

107 **Debucourt**. Jouis, tendre mère. Belle ép.

108 **Demarcenay**. Régulus. 2 pièces dont une avant la lettre. Belles ép., marges.

109 **Demarteau**. Bouquetière, d'ap. Boucher (101). — Deux enfants (169). — Tête de femme (132-159-160). 5 pièces. Belles ép.

110 — Le Marché. — Le Dénicheur de merles. 3 pièces. Belles ép.

111 — Femme couchée, d'ap. Boucher. — Les Colombes chéries. — Chinoiserie. 3 pièces.

112 — Enfant avec une bouteille (211). — Trois Enfants (44). 3 pièces. Belles ép.

113 — Études. 12 pièces. Belles ép.

114 **Denon**. Portraits. 6 pièces.

115 — L'Adoration des bergers. 2 pièces. Belles ép.

116 — **Duplessis-Bertaux**. Entrée des barrières libres. — Bataille. — 2 pièces dont une à l'eau-forte et l'autre avant la lettres. Belles ép., marges.

117 **J. H. E.** Le Pucelage, d'ap. Wille. — Jeannette, d'ap. Boucher. 2 pièces. Très belles ép., toutes marges.

118 **Fragonard**. — Les premiers Pas de l'enfance. — Fourberie de Don Juan. 2 pièces.

119 — Le Serment. — La Déclaration, par Bervic. 2 pièces, belles ép.

120 **Galerie du Palais-royal**. 20 pièces.

121 **Greuze**. La Mère bien-aimée, par Massard. Belle ép.

122 — La Cruche cassée, par Massard. Belle ép., toutes marges.

123 — Scène d'intérieur composée de onze personnes dont neuf femmes et deux enfants. Très belle ép. avant toutes lettres, toutes marges.

124 — La Paresseuse. — Le Donneur de Sérénade. 2 pièces, par Moitte. Belles ép. grandes marges.

125 — Le petit Napolitain. — Têtes d'enfants. — L'Orchestre bachique, par Bourdon. — La nouvelle Mariée. 5 pièces.

126 **Henriquel Dupont**. Entrée de Henri IV dans Paris, d'ap. Gérard. Ép. avant toutes lettres, sur Chine.

127 **Hemery**. Le Repos du plaisir. Belle ép., marges.

128 **Janinet**. Apollon et les Muses. — Femme couchée, d'ap. Winckless. — Vénus et l'Amour, par Huet, etc. 5 pièces.

129 **Jeaurat**. Le roi Salomon, d'ap. Wleughels. Belle ép., grandes marges.

130 **Jourd'heuil**. Mercure devient amoureux d'Hersé. — La Naissance d'Adonis. 2 pièces. Belles ép.

131 **Lancret**. Que le cœur d'un amant est sujet à changer. Belle ép., marges.

132 — Trop indolent Tircis. Belle ép., marges.

133 — Le Matin. — Le Midi. — L'Après-Dînée. — La Soirée. 4 pièces.

134 — L'Après-Dînée. Belle ép. avant la lettre, marges.

135 **Larmessin** (de). Le Fleuve Scamandre, d'ap. Boucher. Belle ép.. marges

136 **Le Bas**. Troisième et quatrième Fêtes flamandes, d'ap. Téniers. 2 pièces. Belles ép.

137 — Ancien Port de Messine, d'ap. C. Lorrain. Très belle ép.

138 — Les OEuvres de miséricorde, d'ap. Téniers. Belle ép.

139 — Port de Lisbonne, ép. à l'état d'eau-forte pure.

140 **Le Brun**. Renouvellement d'Alliance entre la France et la Suisse. — Cérémonie du mariage de Louis XIV. 2 pièces. Très belles ép., grandes marges.

141 **Le Clerc**. Ah! du moins épargnez mes ailes, par Deny. Belle ép., grandes marges.

142 **Le Moyne**. Bacchus et Ariane. Très belle ép. avant la lettre, toutes marges.

143 **Lempereur**. Le Festin espagnol, d'ap. Palamèdes. Très belle ép., marges.

144 **Lepicié**. Vertumne et Pomone. — L'Espagnolette, d'ap. Grimou. 2 pièces. Très belles ép., grandes marges.

145 **Leprince**. La Précaution inutile. — La belle Rêveuse, par Jeaurat. 2 pièces. Belles ép.

146 — Femme assise, par Bonnet. — Halte de Kalmouck. Officier turc, etc. 6 pièces.

147 **Le Roy**. Je t'en ferai goûter. Belle ép. avant la lettre. — Le Rieur, par Bouchardy. — La Proposition. — The fleas Searcher. 4 pièces. Belles ép.

148 **Lithographies**. Artistes contemporains. 24 p.

149 — d'ap. Decamps, Diaz. 12 pièces.

150 — d'ap. Corot, Millet, Rousseau, etc. 24 pièces.

151 — d'ap. Deveria, Leleux, etc. 55 pièces.

152 — d'ap. Mouilleron, Roqueplan, etc. 50 pièces.

153 — d'ap. Hébert, Delaroche, etc. 50 pièces.

154 — d'ap. Girodet, Hersent, etc. 30 pièces.

155 — d'ap. Girodet et divers. 15 pièces.

156 — Fleurs coloriées. 30 pièces.

157 **De Longueil**. Le Cabaret flamand. — La Halte flamande. 2 pièces, d'ap. Ostade. Belles ép., grandes marges.

158 **Loutherbourg**. Le doux Repos des bergers. Belle ép., marges.

159 **Maillet**. Diane et ses Compagnes au bain, d'ap. Trémollières. Belle ép., marges.

160 **Massard**. La plus belle des Mères, d'ap. Van Dyck. Très belle ép., marges.

161 **Méchel** (Ch. de). Tombeau du maréchal de Saxe. Belle ép., grandes marges.

162 — L'Empereur d'Autriche et son état-major. Très belle ép., marges.

163 **Monchy** (de). Télémaque. — Angélique et Médor. — Le Triomphe de Bacchus, etc. 4 pièces.

164 **Monnet**. Jupiter et Io. Belle ép., marges.

165 — Ouverture des États Généraux. — Serment du Jeu de Paume. — Fontaine de la Régénération. — Assemblée Nationale. — Journée du 10 Août. — Journée du 20 Janvier. — Journée du 16 Octobre 1793. 7 pièces par Helman. Belles ép., marges.

166 — Salmacis et Hermaphrodite. Belle ép., marges.

167 **Moreau le Jeune**. Le vrai Bonheur. Belle ép., marges.

168 — Pigmalion et Galathée. — Femme lisant, par
Chéreau. — Le Baiser du Corrège. 4 pièces. Belles
ép.

169 **Natoire**. Femme agenouillée, par Fessard. — Sa-
crifice au dieu Pan, etc. 3 pièces belles ép.

170 **Oudry**. Roman comique. 5 pièces, par Le Nain,
Saint-Aubin, etc. Belles ép.

171 **Pater**. Pyramide d'ailes de poulets, par Lepicié.
Très belle ép., grandes marges.

172 — Bataille arrivée dans le tripot. — Ragotin trouve
les bohémiens. 2 pièces. Belles ép., grandes marges.

173 **Pièces historiques**. La Nuit du 9 au 10 Thermidor,
par Harriet. Belle ép.

174 — Scène dans l'intérieur de la Bastille, par Hardener.
Belle ép.

175 — Embarquement du prince régent de Portugal au
quai de Bélem. Belle ép.

176 — Eugène et Hortense de Beauharnais consolant
leur mère dans sa prison. Belle ép.

177 — Mort du général Marceau, par Le Barbier. Belle
ép., grandes marges.

178 — Scènes de la Révolution. Tableaux des Français,
etc. 10 pièces.

179 — Batailles d'Eylau, d'Austerlitz, Ratisbonne, etc.
— Les huit Epoques de Napoléon. — Exhumation à
Sainte Hélène, etc. 20 pièces.

180 — Catherine Bigot. — Philippe Sergent. — Madeleine
Durand. 4 pièces.

181 — Trompe-l'œil représentant des assignats. Belle
ép.

182 — Médailles du règne de Louis XIV. 212 pièces.

183 — Batailles et portraits pour les guerres de Flandre, par R. de Hooge. 23 pièces.

184 **Ramberg**. La Jument du compère Pierre. Très belle ép. avant toutes lettres, marges.

185 **Raoux**. Oiseau, pour t'échapper des mains de cette belle. — La Jeunesse. 2 pièces.

186 **Régnault**. Le Soir. Très belle ép. avant toutes lettres, le nom de l'artiste à la pointe, marges.

187 **Roqueplan**. Diligence au bord de la Mer. Belle ép. sur Chine, avant la lettre.

188 **Schall**. Le premier Baiser de l'Amour. — Le Rocher de la Meillerie. — Le premier Mouvement de la nature. 4 pièces. Belles ép., marges.

189 **Schenau**. Le Réveil maladroit. Belle ép., grandes marges.

190 **Tabatières**. Vertumne et Pomone et divers. 6 pièces. Belles ép.

191 **Tardieu**. Les Misères de la guerre, d'ap. Téniers. Belle ép., grandes marges.

192 **Texier**. L'Arrivée du roi de Prusse aux Champs-Élysées. Belle ép., marges.

193 **Trémollières**. Diane et ses compagnes au bain. Belle ép., marges.

194 **Van Loo**. Les Grâces. Ép. avant la lettre. — L'Amour par Beauvarlet. 2 pièces. Belles ép.

195 — Le Triomphe de Silène. — Bacchus et Ariane par Natoire. — Psyché et l'Amour, par Le Moyne 3 pièces.

196 **Vernet** (Carle). Militaires, Chevaux, etc. 14 pièces.

197 **Vernet** (Horace). Soldat blessé, par Chollet. Très belle ép. avant la lettre.

198 **Vignettes**. Le Pâté d'anguille, d'ap. Fragonard. Toutes marges.

199 — Chansons de Laborde, par Lebouteux. 3 pièces.

200 — par Moreau, Eisen, etc. 20 pièces.

201 — par Marillier et divers. 20 pièces.

202 — Modernes, d'ap. Horace Vernet, Gérard, etc. 22 pièces.

203 — **Vitraux**. Cathédrale de Strasbourg. 2 pièces.

204 **Vues**. Plans anciens. — Orléans. — Lille. — Louvain, etc. 7 pièces.

205 — Vincennes, Versailles, Strasbourg, etc. 25 pièces.

206 — De France, Suisse, par Bourgeois. 45 p.

207 — **Watteau**. La Sérénade italienne, par Scotin. Belle ép., grandes marges.

208 — Coquettes qui pour voir galants au rendez-vous, par Thomassin. Belle épreuve, marges.

209 — Départ pour les Isles. Les Fatigues de la guerre. — Repas de Campagne. 3 pièces. Belles ép.

210 — Fêtes vénitiennes par L. Cars. Belle ép., marges.

211 — L'Amour au Théâtre Italien, par Cochin. Belle ép., marges.

212 — L'Amour paisible, par Baron. Belle ép., marges.

213 — Camp-Volant. — Sous cet Habit de Mezetin, etc. 3 pièces. Belles ép., marges.

214 — Études, par Joullain, Boucher. 5 pièces. Belles ép., marges.

215 — Études, par Boucher. 7 pièces. Belles ép., marges.

216 — Études, par Fillœul. Huquier, Boucher, etc. 15 pièces. Belles ép., marges.

217 — Les Plaisirs d'Arlequin. 2 pièces en réduction. Très belles ép., marges.

218 **Wille**. Bonne Femme de Normandie. — Sœur de la bonne Femme. — La Ménagère hollandaise. — Scène d'intérieur, etc. 6 pièces.

219 — Agar présentée à Abraham par Sarah. Belle ép., marges.

220 **Willmann**. Heidelberg. Belle ép.

221 **Wolff**. L'Amitié. — La Douceur. 2 pièces en couleur. Très belles ép., grandes marges.

DESSINS

222 **Anonymes**. Vue de l'intérieur du Jardin des Tuileries et du Garde-Meubles. — Aquarelle gouachée.

223 — Plafond, aquarelle.

224 **Calame**. Rochers, au crayon.

225 **Greuze**. Annette. — Lubin. 2 pièces aux trois crayons.

226 **Loutherbourg**. Repas dans la campagne. — Scène champêtre. 2 jolis dessins à la sépia.

227 **Ostade**. Une Fileuse, à la sépia. — Scène villageoise, à la sanguine.

228 **Pigal**. Sujets divers. 8 pièces.

229 Académie et divers. 5 pièces.

230 Militaires, à la plume. 4 pièces.

231 Têtes de Femme. 3 pièces.

232 Femme en pied. — Jeune Enfant. aquarelle.

233 — **Divers.** 12 pièces.

234 — Ecole italienne. 3 pièces.

235 — 6 pièces.

236 — Sujets religieux. 14 pièces.

237 — Sujets mythologiques. — Paysages. 12 pièces.

238 — Études. 20 pièces.

239 — Études. 15 pièces.

240 — Scènes de bataille. 12 pièces.

241 — Sujets divers. 10 pièces.

242 — Sujets modernes. 12 pièces.

243 — Sujets modernes. 12 pièces.

244 — Architecture. 20 pièces.

DESSINS ENCADRÉS

245 **Hauser.** Sujets de genre. 2 pièces. Aquarelles signées.

246 **Pillans.** Marine, aquarelle signée.

247 **Viollat.** Le Cordonnier Simon, au crayon.

247 *bis* — Massacre de l'Abbaye, au crayon.

248 — Paysage, aquarelle.

249 Sous ce numéro, il sera vendu des lots de Gravures et Lithographies.

250 Les Portefeuilles de la Collection.

Vᵉᵉ Renou, Maulde et Cock, imprᵉ de la Compagnie des Commissaires-Priseurs, rue de Rivoli, 144.　　22337 *bis*